IVP(InterVarsity Press)는
캠퍼스와 세상 속의 하나님 나라 운동을 지향하는
IVF(InterVarsity Christian Fellowship)의 출판부로
생각하는 그리스도인을 위한 문서 운동을 실천합니다.

The Barber Who Wanted to Pray
Copyright ⓒ 2011 text R. C. Sproul and illustrations T. Lively Fluharty
Published by Crossway
a publishing ministry of Good News Publishers
Wheaton, Illinois 60187, U.S.A.

This edition published by arrangement
with Crossway through rMaeng2, Seoul, Republic of Korea.
All rights reserved.

This Korean Edition Copyright ⓒ 2016 by Korea InterVarsity Press
156-10 Donggyo-Ro, Mapo-Gu, Seoul 04031, Republic of Korea

이 한국어판의 저작권은 알맹2 에이전시를 통하여 Crossway와 독점 계약한 IVP에 있습니다.
신 저작권법에 의하여 한국 내에서 보호받는 저작물이므로 무단 전재와 무단 복제를 금합니다.

루터와 이발사
기도하는 법을 알고 싶어요

R. C. 스프로울

T. 라이블리 플루하티 그림 | 홍종락 옮김

IVP

맥팔랜드 씨 가족은 매일 저녁마다 모여 가정 예배를 드렸습니다. 맥팔랜드 씨 부부에게는 아이가 여섯 있었는데, 둘은 남자아이고 넷은 여자아이였어요. 아이들의 이름은 도노반, 라일리, 메일리, 에린 클레어, 딜레이니, 섀넌이었습니다.

맥팔랜드 씨는 저녁마다 성경을 한 부분 읽고 간단히 설명을 했습니다. 그런 다음 아이들이 차례대로 성경 구절을 외우고, 교리문답 질문에 대답했습니다. 맨 마지막으로 맥팔랜드 씨가 기도를 인도하면 아이들도 아빠를 따라 각자 나름대로 기도했습니다.

어느 날 저녁이었습니다. 좋아하는 찬양을 부르고 예배가 끝나자마자, 맥팔랜드 씨의 딸 딜레이니가 입을 열었습니다.
"아빠, 아빠의 기도는 정말 멋져요. 아빠가 기도하시는 걸 들으면 기뻐서 눈물이 날 때도 있어요. 그런데 제가 하는 기도는 너무 단순하고 부족해요. 남들 앞에서 소리 내어 기도하기가 부끄럽고 창피해요. 아빠, 저에게 기도하는 법을 가르쳐 주시겠어요? 예수님이 제 기도를 기뻐하시면 좋겠고 저도 진실하고 편안하게 기도하고 싶어요."

맥팔랜드 씨는 미소를 지었습니다. "딜레이니, 네 마음이 어떤지 알 것 같구나. 아빠도 어렸을 때 그랬거든. 어떻게 기도해야 할지 몰랐지. 아빠가 너만 했을 때는 식사 기도 정도밖에 할 줄 몰랐단다.

> 크신 하나님, 좋으신 하나님,
> 이 음식 주셔서 감사합니다.

아 그렇지, 잠자리 기도도 했었구나.

> 이제 잠자리에 누웠어요.
> 주님, 제 영혼을 지켜 주세요.
> 만일 제가 자다가 죽는다면
> 주님, 제 영혼을 받아 주세요.

이 간단한 두 가지를 빼면 기도할 때 할 말이 없었단다. '사랑하는 하나님. 엄마, 아빠, 형, 누나, 조 삼촌, 수 이모를 축복해 주세요'라고 말하는 게 전부였지. 그러다 어느 날 할아버지가 이야기를 하나 들려주셨는데, 그걸 듣고 아빠의 기도가 완전히 달라졌단다. 그 이야기 한번 들어 볼래?"

딜레이니가 말했습니다. "네, 어서 듣고 싶어요." 두 사람의 대화에 귀를 기울이던 다른 아이들도 열심히 고개를 끄덕였습니다. 맥팔랜드 씨는 이야기를 시작했습니다.

옛날 옛적, 바다 건너 머나먼 마을에 이발사가 살았단다.
마을에서 그를 모르는 사람이 없었지. 이발사는
사람들의 머리와 수염을 깎아 주고 여러 가지 필요한 일도
모두 해 주었어. 마을 사람들은 그 이발사를 '마이스터 페터',
그러니까 '페터 선생'이라고 불렀단다.

어느 날 아침, 마을 사람 하나가 면도를 하러 왔어.
페터 선생은 깎은 수염이 셔츠에 떨어지지 않도록
손님의 목에다 천을 두르고 턱에 비누 거품을 칠한 뒤,
면도칼을 꺼내 수염을 깎기 시작했지.

면도를 하고 있는데 문이 열리더니 새로운 손님이 들어왔어.
페터 선생은 그 사람이 누군지 금방 알아봤어. 범법자였거든.
그 나라의 황제는 그를 잡아 오는 사람에게 막대한 현상금을
주겠다고 약속했어. 그가 살았든 죽었든 상관없다고 했지.
페터 선생은 그 사람을 잡기만 하면 나라에서 당장
끌고 갈 거라는 사실을 알았단다.

첫 번째 신사의 면도가 끝났어. 페터 선생은 그 사람을 보낸 다음 범법자에게 자리에 앉으라고 손짓했어.

페터 선생이 물었지. "오늘은 무엇을 해 드릴까요?"

범법자가 대답했어. "머리를 깎고 면도도 하고 싶군요."

페터 선생이 머리카락을 자르기 시작하자 금세 깔끔해졌어. 이어서 면도를 하기 위해 그의 얼굴에 비누 거품을 칠했지. 면도칼을 의자 옆에 놓인 가죽에 문질러서 날을 가는데, 앉아 있는 사람이 얼마나 중요한지 생각하니 손이 다 떨렸어. 하지만 마음을 가라앉히고 면도를 시작했지. 면도칼이 볼을 따라 내려가다가 턱을 지나 목까지 이르렀어. 면도날이 범법자의 목을 살짝 눌렀지. 페터 선생이 손에 힘을 주기만 하면 그 사람은 목에 큰 상처를 입고 금방 죽게 될 거야. 그런 다음 황제에게 가서 범법자를 잡았다고 말하면 현상금을 받아서 부자가 될 수도 있었지.

하지만 면도날을 그의 목에 대고 있을 때, 페터 선생은 이렇게 생각했어. '이 세상의 돈을 다 준다고 해도 내가 이 사람을 죽이는 일은 없을 거야. 이 사람은 나의 영웅이니까.'

페터 선생은 의자에 앉아 있는 이 사람의 이야기를 알고 있었어. 원래는 수도사였는데, 기사가 되었다가 지금은 그 마을에 있는 대학교의 아주 유명한 교수로 있었지. 그는 예수님의 복음에 담긴 진리를 지키기 위해 용감하게 나선 개혁자였는데, 그 덕분에 세상이 달라졌고 온 교회가 전반적으로 더 나아졌어. 사도들이 살던 시대 이후로 그렇게 용감한 사람은 없었지.

의자에 앉아 있던 범법자의 이름은 마르틴 루터란다.
그가 맞서 싸운 덕분에 개신교 종교개혁이 시작되었고
복음이 어둠에서 벗어났어. 그런데 황제와 몇몇 귀족들은
루터의 가르침에 마음이 불편했단다. 그래서 루터를
반대하던 사람들은 그를 몰아내야 한다고 황제를 설득했어.
급기야는 루터를 사로잡아 화형대에서 불태우려고까지 했지.
반면 루터 덕분에 예수님이 가르쳐 주신 복음의 진리를
알게 된 사람들은 그를 너무나 사랑했단다. 루터가 붙잡혀
처형되는 것을 막기 위해서라면 자기 목숨까지도 아낌없이
내주겠다고 마음먹을 정도로 말이야. 루터 박사의 이발사인
페터 선생도 그중 하나였어. 그는 자기의 영웅을 절대로
배신할 수 없었지.

갑자기 페터 선생에게 한 가지 생각이 떠올랐어. 그는 기도하는 것이 참 어렵다고 항상 생각했었는데, 루터 박사는 바로 기도 생활로 유명한 사람이었던 거야. 페터 선생은 루터 박사가 이발소 의자에 앉아 있는 동안 뭔가 도움을 받아야겠다고 마음먹었어.

페터 선생이 말했어. "루터 박사님, 저는 박사님이 어떤 분인지 잘 압니다. 오늘 제 이발소에 와 주셔서 영광입니다. 박사님께 한 가지 여쭤 보고 싶은데 괜찮을까요?"

루터 박사가 대답했어. "물론이지요. 무엇을 도와드릴까요?"

"제게는 문제가 하나 있습니다. 매일 밤마다 기도하려고 노력하는데, 가끔은 제가 하는 기도가 천장에 막혀서 더 이상 올라가지 못하는 것 같은 기분입니다. 박사님은 매일 여러 시간 동안 기도하신다니, 기도에 대해 누구보다 잘 아실 것 같습니다. 루터 박사님, 제가 기도를 더 잘할 수 있도록 도와주실 수 있나요?"

"아주 훌륭한 질문입니다. 제가 가르치는 학생들은 하나님과 성경과 교회 생활에 대해 아주 어려운 질문을 던지곤 하지만, 그리스도인으로 성장하는 방법에 대해서는 잘 묻지 않아요. 더 깊이 기도하고 싶으시다니 제게는 더없이 기쁜 일입니다. 제 연구실로 돌아가서 생각해 보고, 페터 선생님의 기도 생활을 도울 만한 실제적인 방법을 적어 보도록 하겠습니다."

"고맙습니다, 루터 박사님." 페터 선생은 루터 박사의 면도를 서둘러 끝냈어.

루터 박사는 서재로 돌아가 펜을 들고 페터 선생을 위한 기도 지침을 쓰기 시작했단다. 루터 박사는 평생 동안 50권이 넘는 책을 썼는데, 그중에 가장 작고 얇은 책이 아마 이발사 페터 선생을 위해 쓴 책일 거야. 루터 박사는 자신의 기도법을 설명한 이 책에 '간단한 기도법'이라는 제목을 붙였지.

책이 완성되자, 루터 박사는 이발소에 가서 페터 선생에게 제일 먼저 한 권을 주었어. 페터 선생은 믿어지지가 않았단다. '위대한 마르틴 루터가 나에게 기도하는 법을 가르쳐 주려고 책을 쓰다니, 다른 누구도 아닌 바로 나를 위해 시간을 내어 주다니!'라는 생각이 들어서 말이야.

루터 박사는 이렇게 말했어. "우선 세 가지를 외워야 합니다. 첫째는 주기도문, 둘째는 십계명, 셋째는 사도신경이지요."

루터 박사는 이 세 가지를 외우고 나면 그것을 활용해서 기도할 수 있다고 했단다. "예를 들면, 주기도문을 통해서 기도를 시작하는 겁니다."

페터 선생이 물었어. "매일 밤마다 주기도문으로 기도하면 된다는 말씀인가요?"

하늘에 계신 우리 아버지여

이름이 거룩히 여김을 받으시오며

나라가 임하시오며

뜻이 하늘에서 이루어진 것같이

땅에서도 이루어지이다.

오늘 우리에게 일용할 양식을 주시옵고

우리가 우리에게 죄 지은 자를 사하여 준 것같이

우리 죄를 사하여 주시옵고

우리를 시험에 들게 하지 마시옵고

다만 악에서 구하시옵소서.

나라와 권세와 영광이

아버지께 영원히 있사옵나이다.

아멘.

루터 박사가 대답했어. "아니요, 제 말은 그런 뜻이 아닙니다. 물론 그것도 멋진 일이지만, 주기도문을 **통해서** 하는 기도란 이런 것입니다. 우선 주기도문의 첫 번째 간구를 생각합니다. '하늘에 계신 우리 아버지, 이름이 거룩히 여김을 받으시오며.' 이 간구에 대해 생각하면서 머리와 가슴으로 그 내용에 집중하고, 그 내용으로 더 깊이 기도합니다. 이렇게 말이죠.

오 하나님, 당신이 기꺼이 저의 하늘 아버지가 되어 주신다니 잘 믿어지지 않습니다. 우리의 가정에도 사랑하는 아버지가 있지만, 당신은 예수님을 믿는 우리 모두의 아버지가 되십니다. 당신이 아들이신 예수님을 통해 우리를 자녀로 입양해 주셔서, 우리가 당신을 아버지라고 부르며 기도할 수 있게 되었습니다. 우리는 당신이 여기 우리 마을이 아니라 하늘에 거하신다는 것을 압니다. 당신은 우리의 지상 아버지가 아니라 하늘 아버지이시며, 온 세상의 주인이십니다. 모든 것을 가지신 분이 우리의 아버지이시고 그분께 제가 기도로 나아갈 수 있다니 참으로 놀랍습니다."

"예수님은 우리에게 이렇게 기도하도록 가르치셨습니다.
'이름이 거룩히 여김을 받으시오며.'

아버지, 제가 살아갈 때나 기도할 때 하나님 아버지의 이름을 높이고 섬기는 것보다 더 중요한 일이 없음을 알게 해 주십시오. 주님, 저의 혀를 지키셔서 당신의 이름을 어리석고 잘못된 방식으로 부르지 않게 하시고, 당신에 대해 말하거나 생각할 때 공경하고 경배하는 마음이 들게 해 주십시오.

주기도문을 통해 기도하라는 말의 의미를 아시겠지요? 우리는 매일 주기도문의 각 부분을 통해 기도할 수 있고 매번 다른 기도를 드릴 수 있습니다. 주기도문의 간구 하나하나에 대해 생각하고 거기에 관심을 기울이다 보면, 기도가 더욱 신나고 기쁜 일이 될 겁니다."

루터 박사는 이어서 말했어. "십계명으로 기도하는 법도 생각해 봅시다. 우리는 '너는 나 외에는 다른 신들을 네게 두지 말라'라는 제1계명으로 이렇게 기도할 수 있습니다.

주 하나님, 세상에는 여러 우상과 동상들을 섬기는 사람들, 많은 신을 믿는 사람들이 가득합니다. 하지만 주님, 당신만이 하나님이십니다. 때로는 제 삶에도 하나님보다 소중히 여기거나 제가 우상으로 섬기는 것들이 생깁니다. 그럴 때 저를 용서해 주십시오. 제가 하나님 앞에서 다른 어떤 신도 섬기지 않도록 도와주십시오."

페터 선생은 아주 신이 나서 대답했어. "무슨 말씀인지 알겠습니다!"

루터 박사가 활짝 웃었어. "다른 계명으로도 이렇게 기도할 수 있고, 사도신경도 똑같아요. 사도신경은 이렇게 시작되지요. '나는 전능하신 아버지 하나님, 천지의 창조주를 믿습니다.' 이 고백을 생각하며 하나님의 능력과 하나님이 보여 주시는 힘을 떠올려 보세요. 아이들은 자기 아빠가 아주 힘이 세서 무슨 일이든 할 수 있다고 생각하지요. 하지만 사람인 우리는 하나님께 비하면 형편없는 약골입니다. 하나님은 전능하시니까요. 우리가 하나님을 사랑하는 것은 그분이 우리를 위해 하실 수 있는 일 때문만은 아닙니다. 우리는 하나님이 하나님이시기 때문에 사랑합니다.

그래서 우리는 기도하고 또 기도해도 지겹지 않습니다. 주기도문, 십계명, 사도신경을 깊이 생각한다면 절대 기도할 거리가 떨어지지 않습니다."

페터 선생은 간단한 기도법의 비밀을 가르쳐 준 루터 박사가 너무나 고마웠단다. 그 마음은 말로 다할 수 없을 정도였지.

이야기를 마친 뒤, 맥팔랜드 씨는 이렇게 말했습니다.
"저녁에 가정 예배를 드릴 때 아빠가 너희들에게
주기도문과 십계명, 사도신경을 익히게 하는 이유를 알겠니?
이제부터는 가정 예배 시간에 기도할 때, 루터 박사가
이발사에게 가르쳐 준 간단한 방식을 함께 연습해 볼 거란다."

딜레이니가 말했습니다. "루터 박사님 이야기를 들려주셔서
감사해요, 아빠. 빨리 그 기도법으로 기도해 보고 싶어요.
우리 가정 예배를 한 번만 더 드리면 안 될까요?"

다른 아이들도 말했습니다. "그래요, 아빠, 제발요!"

아이들이 기도에 새롭게 관심을 갖는 것을 보자,
맥팔랜드 씨는 기뻐서 미소를 머금고 말했습니다.
"그래, 우리 같이 기도하자."

십계명

1. 너는 나 외에는 다른 신들을 네게 두지 말라.

2. 너를 위하여 새긴 우상을 만들지 말고 또 위로 하늘에 있는 것이나 아래로 땅에 있는 것이나 땅 아래 물속에 있는 것의 어떤 형상도 만들지 말며 그것들에게 절하지 말며 그것들을 섬기지 말라. 나 네 하나님 여호와는 질투하는 하나님인즉 나를 미워하는 자의 죄를 갚되 아버지로부터 아들에게로 삼사 대까지 이르게 하거니와 나를 사랑하고 내 계명을 지키는 자에게는 천 대까지 은혜를 베푸느니라.

3. 너는 네 하나님 여호와의 이름을 망령되게 부르지 말라. 여호와는 그의 이름을 망령되게 부르는 자를 죄 없다 하지 아니하리라.

4. 안식일을 기억하여 거룩하게 지키라. 엿새 동안은 힘써 네 모든 일을 행할 것이나 일곱째 날은 네 하나님 여호와의 안식일인즉 너나 네 아들이나 네 딸이나 네 남종이나 네 여종이나 네 가축이나 네 문안에 머무는 객이라도 아무 일도 하지 말라. 이는 엿새 동안에 나 여호와가 하늘과 땅과 바다와 그 가운데 모든 것을 만들고 일곱째 날에 쉬었음이라. 그러므로 나 여호와가 안식일을 복되게 하여 그날을 거룩하게 하였느니라.

5. 네 부모를 공경하라. 그리하면 네 하나님 여호와가 네게 준 땅에서 네 생명이 길리라.

6. 살인하지 말라.

7. 간음하지 말라.

8. 도둑질하지 말라.

9. 네 이웃에 대하여 거짓 증거하지 말라.

10. 네 이웃의 집을 탐내지 말라. 네 이웃의 아내나 그의 남종이나 그의 여종이나 그의 소나 그의 나귀나 무릇 네 이웃의 소유를 탐내지 말라. (출애굽기 20:3-17)

주기도문

그러므로 너희는 이렇게 기도하라. "하늘에 계신 우리 아버지여, 이름이 거룩히 여김을 받으시오며, 나라가 임하시오며, 뜻이 하늘에서 이루어진 것같이 땅에서도 이루어지이다. 오늘 우리에게 일용할 양식을 주시옵고, 우리가 우리에게 죄 지은 자를 사하여 준 것같이 우리 죄를 사하여 주시옵고, 우리를 시험에 들게 하지 마시옵고, 다만 악에서 구하시옵소서. 나라와 권세와 영광이 아버지께 영원히 있사옵나이다. 아멘." (마태복음 6:9-13)

사도신경

나는 전능하신 아버지 하나님, 천지의 창조주를 믿습니다.

나는 그의 유일하신 아들, 우리 주 예수 그리스도를 믿습니다.
그는 성령으로 잉태되어 동정녀 마리아에게서 나시고,
본디오 빌라도에게 고난을 받아 십자가에 못 박혀 죽으시고,
장사된 지 사흘 만에 죽은 자 가운데서 다시 살아나셨으며,
하늘에 오르시어 전능하신 아버지 하나님 우편에 앉아 계시다가,
거기로부터 살아 있는 자와 죽은 자를 심판하러 오십니다.

나는 성령을 믿으며,
거룩한 공교회와,
성도의 교제와,
죄를 용서받는 것과,
몸의 부활과,
영생을 믿습니다.

아멘.

글쓴이 R. C. 스프로울

리고니어 선교회의 설립자이자 대표이고, 미국 플로리다 주 샌퍼드에 있는 세인트앤드루 교회에서 담임목사로 설교하고 가르치고 있습니다. 지금까지 70권이 넘는 책을 썼으며, 어린이를 위해 쓴 다른 책으로는 『더러운 옷』, 『빛의 요정들』, 『왕을 태운 당나귀』, 『왕자의 독이 든 잔』(이상 주니어지평) 등이 있습니다.

그린이 T. 라이블리 플루하티

뛰어난 삽화가로, 『풀문라이징』을 비롯하여 여러 책에 그림을 그렸습니다. 모든 작품을 아내 크리스티와 공동으로 작업했습니다.

옮긴이 홍종락

어린이 그림 성경 『하나님이 내게 편지를 보내셨어요』(IVP)를 비롯해 다양한 책을 100권 넘게 우리말로 옮겼습니다. 번역하며 배운 내용을 자기 말과 글로 풀어낼 궁리를 하며 살고 있습니다. 지은 책으로는 『나니아 나라를 찾아서』(정영훈 공저, 홍성사)가 있습니다.

루터와 이발사

초판 발행	2016년 11월 14일
초판 4쇄	2025년 3월 20일
글쓴이	R. C. 스프로울
그린이	T. 라이블리 플루하티
옮긴이	홍종락
펴낸이	정모세

편집 이종연 이성민 이혜영 심혜인 설요한 양지영 박예찬
디자인 한현아 서린나 | 마케팅 오인표 | 영업·제작 정성운 이은주 조수영
경영지원 이혜선 이은희 | 물류 박세율 김대훈 정용탁

펴낸곳 한국기독학생회출판부 | 등록번호 제2001-000198호(1978.6.1)
주소 04031 서울시 마포구 동교로 156-10
대표 전화 (02) 337-2257 | 팩스 (02) 337-2258
영업 전화 (02) 338-2282 | 팩스 080-915-1515
홈페이지 http://www.ivp.co.kr | 이메일 ivp@ivp.co.kr
ISBN 978-89-328-1465-0

ⓒ 한국기독학생회 출판부 2016

책값은 뒤표지에 있습니다.
무단 전재와 복제를 금합니다.